AF243551

M. GUIZOT

ET

LES ÉLECTIONS DE 1846.

PAR

J. DARBAUMONT.

PARIS,

CHEZ LECASTELLIER, LIBRAIRE-ÉDITEUR,
27, BOULEVARD BONNE-NOUVELLE.
ET CHEZ TOUS LES MARCHANDS DE NOUVEAUTÉS.

1846

SOMMAIRE

Imprimerie de Edouard Bautruche, rue de la Harpe, 90.

Maintenant que la voix des électeurs s'est fait en-
tendre, il nous appartient de signaler à la France
comment la plupart des mandats ont été conférés à
des députés ministériels, et d'examiner si la liberté
du vote octroyée par la Charte a été garantie *en fait*.
Et d'abord jetons un coup d'œil rétrospectif sur les
préparatifs des élections de 1846. Selon nous, le
terrible échec subi par l'Opposition tient à deux
causes principales : *la loi sur les annonces judiciaires,
et la loi sur les patentes*.

A Paris, les journaux le plus répandus, et qui

tirent à 30 et 40,000 exemplaires, ne se soutiennent que par les *annonces*. En province où l'annonce de l'industrie ne peut être exploitée par le système Duveyrier, le nombre des abonnés aux feuilles de localité est si minime que, hors les villes de second ordre, il ne suffit pas à payer même les frais d'impression. Le gouvernement, désireux d'entraver la marche des feuilles indépendantes des départements, proposa à la chambre des députés une loi sur les annonces judiciaires, laquelle donnait aux cours royales seules, — pas aux intéressés, ne confondez pas , — le droit de désigner les feuilles qui monopoliseraient les annonces. L'opposition, ne voyant pas dans cette question un vote de confiance, c'est-à-dire l'occasion si attendue de renverser le ministère du 29 octobre, donna tête baissée dans la proposition, sans songer qu'elle fourbissait une arme qu'on tournerait bientôt contre elle. En effet, toutes les feuilles indépendantes, quoiqu'elles offrissent le plus de publicité, furent sacrifiées aux feuilles ministérielles, et bientôt celles-ci *brillèrent* seules dans les départements. Maîtresses de la position par une ruse digne de nos Escobars politiques, elles tirèrent lâchement sur tous les députés de l'opposition et les traînèrent dans la fange de leurs colonnes.

Le mal était grand, la plaie saignante ; l'opposition voulut y porter remède. On essaya d'organiser de nouveau des feuilles indépendantes. Mais une barrière presque insurmontable se dressa devant le courage de la plupart des patriotes.

Une petite ville ne possède ordinairement qu'un imprimeur, et comme cet imprimeur était propriétaire de la feuille désignée pour les annonces légales, il s'opposait formellement à prêter ses presses, sous le prétexte qu'aux termes de la loi, l'imprimeur est responsable. Quelques-uns pourtant, excités par la cupidité, consentirent à louer leurs presses, mais à un prix excessif, sous la réserve de censurer les articles, et moyennant une garantie suffisante pour parer aux éventualités d'un procès. A l'appui de notre dire, nous pourrions citer tel imprimeur de Normandie, qui exigea la garantie énorme de trente mille francs, quoique la modération des principes professés par le fondateur du journal mît ses intérêts à l'abri.

Quand l'heure des élections sonna, les députés de province, privés de tout organe, ne purent repousser les calomnies de toute nature qu'on *débitait* contre eux.

Les députés de l'opposition nous répondront sans doute que les ministres, par la bouche de M. Martin, ont déclaré que l'on n'accorderait les annonces judiciaires qu'aux journaux qui justifieraient d'un plus grand nombre d'abonnés. Eh quoi ! les actes passés ne servent-ils plus de reflet aux actes futurs ! Députés de l'Opposition, en votant la loi sur les annonces, vous avez étouffé la presse de province, vous avez couvert de cendre le foyer de lumière que les journaux entretenaient dans les départements, et vous vous êtes fermé les portes du Parlement !

La loi sur les patentes n'a pas moins contribué à

décimer les forces de l'opposition. Dans les colléges composés de deux, trois ou quatre cents électeurs ; dans les villes où le cens de l'électeur est, en grande partie, formé de sa patente, il a été facile au gouvernement de *classer* les *bons* et les *mauvais*, en un mot, de se créer des électeurs. Il est vrai que le trésor n'y a rien perdu, et que le ministère y a gagné une bonne centaine de *bornes*. Mais, au moins, les députés de l'opposition conviendront-ils que, par leur coupable aveuglement, ils ont aidé le ministère à les inscrire sur sa longue liste de proscriptions.

Aux approches des élections de 1846, les journaux qui nous ont berné de l'indemnité honteuse de vingt-cinq mille francs accordée à l'accoucheur de la reine Pomaré, des génuflexions du ministère du 29 octobre devant le lion anglais, etc., auraient bien dû fouiller dans leur conscience et examiner si la *faiblesse* qu'ils reprochent aux autres n'est pas aussi une de leurs *vertus*.

Nous avons dit qu'on devait attribuer la chute de l'opposition à deux causes principales : la loi sur les annonces et la loi sur les patentes. La corruption peut, elle aussi, réclamer sa part du butin ; car il n'est pas en France un collége où elle ne se soit glissée sous toutes les formes. Nous ne prétendons pas donner ici l'énumération de tous les moyens employés ; car il nous faudrait écrire des volumes entiers. Nous signalerons seulement quelques faits dont nous garantissons l'authenticité.

Depuis longtemps les *apprentis-députés* prenaient

une très-large part aux actes du gouvernement. Ainsi, une ville demandait un embranchement sur le chemin de fer de Rouen. Le député de cette ville, membre de la gauche, malgré ses démarches incessantes auprès du ministre des travaux publics, ne put obtenir la présentation du projet de loi. Les autorités administratives arrivent un jour à Paris ayant à leur tête un apprenti-député, — lequel, par parenthèse, a fini cette année son apprentissage, — et quelques jours après la loi fut présentée et votée.

Le fils d'un électeur avait échoué *trois* fois dans ses examens au baccalauréat ; vite l'apprenti fait ses offres de service et..... au quatrième examen l'écolier est diplômé.

Un jeune homme ne pouvait épouser une demoiselle dont le père votait pour un député ministériel *quand même*. Le jeune homme va trouver le député, et lui promet sa voix s'il lui fait obtenir la main de la demoiselle. Le député, aussi habile que madame Saint-Marc en fait d'agence matrimoniale, allie bientôt les deux amoureux tout en se ralliant le vote du jeune mari, et signe le contrat.

D'après divers marchés sous seing, des électeurs ont reçu jusqu'à deux mille francs pour travailler la matière électorale.

Plusieurs propriétaires de feuilles d'annonces ont été mis à contribution, c'est-à-dire qu'on les a forcés de coopérer aux frais nécessités par les élections des députés ministériels de leurs départements respectifs.

Un sous-préfet a promis la place de maire à trois conseillers municipaux, dont la loquacité a révélé à tous les manœuvres déloyales qu'on employait pour conquérir des voix.

Nous ne terminerons pas la première partie de cette courte brochure sans rappeler la manière déloyale dont on a exploité partout une tentative que nous déplorons d'autant plus que nous sommes sincèrement attaché à la dynastie de juillet; car nous croyons fermement que le système monarchique fondé en 1830 est le seul qui puisse nous faire goûter les douceurs de la liberté.

LE

CABINET NOIR.

POT-POURRI.

M. Duchatel.

Air : *Bonjour mon ami Vincent.*

— Bonjour mon ami Guizot;
Comment va vot'Ministère?
Pour not'politique il faut
Mettre en plan vot'Angleterre.
Si nous ne prenons garde aux voix
Nous perdrons bien sûr nos emplois,
Prêtez-moi donc vot'ministère...
Ensemble tâchons de nager.
      Pour braver l'danger
      Est-c'trop exiger
De d'mander l'concours d'l'ami d'l'étranger?

M. Guizot.

Air : *V'là c'que c'est qu'd'aller au bois.*

L'autre jour je m'disais aussi :
« Qu'est-c'que Duchâtel fait ici?
« Dans la France chaque gazette
    « Nous tomb'sur la tête;
    « Il faut que j'm'y mette ! »

Or donc à nous deux, mon garçon,
    Et d'zing bon et d'zing bon bon.

M. Duchatel.

Air : *Au clair de la lune.*

Ma verve s'allume :
Mon ami Guizot,
Prêtez-moi vot'plume
Pour écrire un mot.
« Poussez aux emplettes...
« Pour nous soutenir
« C'est trois cents galettes
« Qu'vous d'vrez nous fournir !

« De vos journalistes
« Fait's des marmitons :
« Donnez-leur les listes
« De tous nos croûtons.
« Ramassez les bûches
« Et n'épargnez pas
« L'argent pour les cruches
« Non plus qu'pour les plats.

« Pour qu'aucun n'se laisse
« Happer dans l'aut'camp,
« T'nez-les tous en laisse
« Avec du ruban.
« L'fils qui voudra paître
« Aux arts libéraux
« Sera gard'champêtre
« A l'écol'des eaux.

« Vous ferez connaître
« Que grâce à Pritchard
« Taïti vit naître
« Un royal moutard.
« Mais la rein'sa mère,
« Depuis l'a mis d'dans
« Et l'apothicaire
« D'mand'vingt-cinq mill'francs.

« La Franc' la protège,
« Et l'fruit d'ses amours
« En France, au collége
« Doit v'nir suiv'ses cours.
« Donnez la promesse
« Aux votans douteux
« Que sa noire Altesse
« S'blanchira chez eux. »

Air : *A boire, à boire, à boire.*

Mon paraph'! mon paraph'! mon paraphe !
Tendez les bras du télégraphe !
Que cette épître à mes préfets
Vole et comble tous nos souhaits !

Air : *Tarare Pompon.*

Mon cher maître, je crains
Que c'que nous venons d'faire
Ne se change en eau claire...
Et j'm'en lave les mains.

Quoique la vôtre inspire
On ne peut franchement
Avec vous se produire
Sans gant.

M. Guizot.

Air : *Dis-moi, soldat, dis-moi, t'en souviens-tu ?*

Te souviens-tu, quand l'astre tricolore
Vint à pâlir devant le drapeau blanc,
Que l'étranger ainsi qu'un météore
Partout en France apparut triomphant.
Alors chacun a pu me reconnaître
Car je suivais l'escorte de Louis.
Des insensés osent m'appeler traître :
A Gand pourtant j'ai servi mon pays. *(bis)*

M. Duchatel.

Même air.

Je n'en sais rien : j'ai si peu de mémoire
Que dans l'oubli j'ai laissé vos hauts-faits...
Vous prétendez, et je veux bien le croire,
Avoir servi dans les rangs des Anglais.
Pour tant d'exploits un titre encor vous manque,
Car aux Français mordant à l'hameçon
N'avez-vous pas, pour faire aussi la banque,
Offert un louis pour un napoléon.

M. Guizot.

Air : *Vois-tu bien, mon enfant, là bas sur la montagne.*

Vois-tu bien, Duchâtel, le char des anarchistes
Et des républicains qui marchent contre nous.
Ce sont là des maudits que tous les monarchistes
Voudraient voir renversés sous nos terribles coups.
    Va, chaude sera la lutte
    Mais si nous tenons bon
    Nous assurons leur chute
Rien qu'en brisant, en brisant leur Timon.

Air : *Quoi! ma voisine, es-tu fâchée?*

    Une victoire est très-facile
        Sur leur Timon :
    Car on dit qu'leur pauvr' Cordier file
        Un trist'coton.
    Mais juge de notre conquête
        Si dans l'cahot
    N'restait aucun' trac' de Charrette
        Ni de Barrot!...

M. Duchatel.

Air : *Dans un grenier.*

Soyez certain qu'avec un peu de poudre
Jetée aux yeux de tous les électeurs,
Nous nous ferons facilement absoudre
D'avoir partout prodigué nos faveurs.

Pendant longtemps, de quelques voix à peine
Se composa notre majorité.
Malheur à nous si le flot nous ramène
Tous les bavards qui m'ont tant tourmenté !

M, Guizot.

Air de *la Catacoua.*

Je sais bien que d'après Barème
Mon calcul n'est pas régulier.
Mais j'opère par un système
Qui s'accorde avec mon métier.
Ecout', nous enfonçons la gauche,
Et nous en rayons plus d'un tiers.
    Puis à l'envers,
    Et de travers,
Dans tous les sens j'mets des chiffres divers.
Tu vois que je ne suis pas gauche,
Puisqu'au total j'ne r'trouv' qu'un Thiers.

M. Duchatel.

Air : *Il a voulu, il n'a pas pu.*

    Qu'un courtisan
    Fasse un tel plan
    On tirera l'échelle ;
    Moi, devant vous,
    Je m'mets à g'noux
    Et vous donn' la ficelle.

COMPLAINTE

Chantée par M. Jacques LEFEBVRE après sa chute électorale.

Air connu.

Chers électeurs du deuxième,
Qui connaissiez mon état,
D'escompter votre mandat
J'avais juré par Barême :
Et sans aucun intérêt
J'aurais consenti tout prêt.

De Dumon jusqu'à Lacave,
Les ministres savent bien
Que je n'ai jamais fait rien
Qui me donnât l'air d'un brave...,
Je tremblais de tout mon corps
Quand j'ai voté pour les forts.

Qui sur terre aurait pu croire
Que le brûlant soleil d'août
Aurait fondu jusqu'au bout
Les fleurons d'or de ma gloire?
J'oubliais la vétusté
De ma popularité.

Aux Anglais j'ai voulu plaire.
De mille livres sterling
On m'a vu lors du scrutin
Doter un apothicaire
Qui d'un prince a délivré
La puissante Pomaré.

Votre folie est étrange...
Vous ne me comprenez plus...
Mes esprits sont confondus
En voyant votre phalange
Pour conjurer le danger,
Mettre à sa tête un Berger.

Vous êtes tous des bipèdes
Qu'un berger ne sait plumer.
Vous ne pourrez le former
Qu'à tondre des quadrupèdes.
Tandis qne moi, des deux mains,
Je plume et tonds les humains.

J'ai dîné chez les Ministres,
Pour eux j'ai tant criaillé
Qu'enfin ils ont barbouillé
Mon honneur sur leurs registres.
Les dîners nous ont liés,
Et l'honneur, crucifiés.

De mon ancienne victoire
L'on perdra le souvenir.
Où pourrai-je ensevelir
Les défroques de ma gloire ?
Chez Martin, garde des sceaux,
Je trouverai le repos.

FIN.